Bruno Osimo

Per tenerti la mano tra coyote e cinghiale

poesie intorno a Deiva

Bruno Osimo è un autore/traduttore che si autopubblica

La stampa è realizzata come print on sale da Kindle Direct Publishing

ISBN 9788831462310 per l'edizione cartacea
ISBN 9788898467174 per l'edizione elettronica

Contatti dell'autore-editore-traduttore: osimo@trad.it

Sommario

Su di me

Il colore dei tuoi occhi hai versato
su di me – sul mio torso denudato.
L'odore di te che riversa amore
addosso a me sento a ogni gesto.

Non vorrei lavarmi – non vorrei mai
più cambiarmi – mai più asciugarmi pelle –
solo aspirare – aspirare – le dita
tue che diteggiano il colore dei tuoi

occhi riversato addosso a me –

Sirena spiegata [Spiegazione della sirena]

Ti sei cosparsa il corpo di ciambelle,
ti sei cavata la camicia fina
tra ali di attempati commissari
indaganti a scoprire l'assassina.

Sfoderavi gioielli, palombari
salivano da te con le primizie
di un mare inesplorato da nessuno –
tu porgevi il referto gocciolante.

Urlando a te parlavo, mascherato
per non far debolezza trasparire –
fluivano ciambelle nel mio sangue
con ingorghi, coaguli, bolline.

Pietre umide

Sono stato alle tue pietre umide
a vedere se c'era ancora un segno
un ricordo di te – delle tue gambe –
ma le onde – le onde – le onde.

Le onde hanno cancellato tutto.
Sovrastravano le nuotate ancora
e il mio amore posato sugli schêuggi
è stato ormai normalizzato in treno.

Questo non m'impedisce di pensare
alle tue pietre umide – andremo
a comprare piante a piantare semi
seminare bulbi sul tuo confine.

Collocazione

Hai richiesto la mia collocazione –
dico dopo il parcheggio di carrozze
sali le scale, al secondo piano
c'è un libro, un altro ancora, in un armadio.

Hai mostrato la tua riconoscenza –
pelle-serpente hai denudato a casa
giungendo solo con un fioco lume,
un nero contributo di eleganza.

Ti ho apparecchiato semplice imbandito –
parole crude – vino asciutto – segni –
hai mosso i tuoi capelli – hai apprezzato –
le aiuole mi guardavano ed i fiori.

Pensiero serale

se la notte si avvera
e tu sei coscritta
i pensieri mandi verso il cielo
a una persona che ti pensa
in contatto con te tramite stella
tramite luna
a una persona che vorrebbe
esserti a fianco
anche quando la luna
è uno spicchio minuscolo

Discorso
Il tuo nome è discorso –
paese da cui provieni da cui ritorni –
il tuo nome è saccheggio –
di lineamenti che provengono dalle praterie.

Non capisco quello che dici –
per questo mi piace –
non voglio nemmeno imparare quello che dici –
è tortura e piacere.

Non ti sfioro né sfiorare ti desidero –
troppo forte sarebbe –
m'accontento di pensare a come sarebbe –
m'accompagna il pensiero.

Alma

Velluto sulle tue parole
sabbia sulle scarpe
i chiodi marrone nocciola
sempre infissi a me.
Sopporto fino a un certo punto
la fiancata destra della tua nave
mi suggerisce un naufragio
che non posso permettermi.
Già immagino i risolini delle colleghe
annoiate presso il bagno.

Cinquantacinque baci

Ogni volta che arrivi me lo dico:
non devo guardarti non devo guardar-
ti non devo guardarti non devo gua –
Il tuo corpo mi guarda da lontano –
il tuo corpo mi guarda da vicino –
io guardo il tuo corpo senza parere –
ascolto la tua voce discendente –
mi chino in bagno accanto alle tue braccia –
mi struscio in anticamera a tue chiappe
pisquane fatte per la tenerezza.
Ti trasmetto cinquantacinque baci –
cinquantacinque volte dico che ti
amo ma il mio parlare è risaputo
non penetra l'aria non penetra te.

Uccello

Sei venuta piano senza rumore
appollaiandoti come al solito
nell'angolo dei cactus. E l'uccello
non era ancora nel nostro orizzonte.

T'ho spiato da dietro e t'ho sorpreso –
un ciao assestato sotto il fondoschiena –
la scimitarra che portavo avrebbe
causato lesioni inenarrabili.

Il gatto languiva nella scatola
e presto lei è entrata con in mano
il piccolo becco che richiedeva –
subito messo al sicuro.

Le annose malefatte del big brother
non hanno scalfito il buonumore –
cupola sopra di noi che vuol dire
amore a prescindere dall'uccello.

Forse non faccio niente di male

Oggi forse il letto non sprofonda
né la mia gamba sotto un tronco langue
nel piedistallo ancora c'è la sabbia
e ferro nel cemento, e porte chiuse.

Non ho mai capito come fanno
le costruzioni a non precipitare
con tutti i pavimenti, pianoforti
vasche da bagno piene, librerie.

Come fanno architetti e ingegneri
a sapere settant'anni prima
quali e quante invenzioni ci saranno
e quanto stiperanno le strutture.

Non circolo per strada senza vesti
né a piedi nudi, col ferro che ferisce
la mia pelle sottile e poco forte:
forse non faccio niente di male.

Ancora un po' di tempo

Il tempo
che ci è dato
finisce prima o poi.
Anche oggi
abbiamo
il giorno per noi.
Forse
domani
ancora.

Nulla

Col respiro un po' di soprassalto
ti guardo, lo sguardo un po' mi opprime.
Oggi ci siamo: o almeno tale sembra,
i pensieri non si attagliano all'età.
Consulenza professionale
Non desidero il tuo corpo
però lo sento, come fosse il mio,
quando mi parli
sento la tua voce ruvida come
una figlia di putativo padre.

Le tue parole mi guidano
anche se non vogliono,
la mia strada è fuori dalle
tue labbra – anche se non lo sai
così fingo di comprenderti
per costringerti a guidarmi.

Tenero ranuncolo

Tenero ranuncolo,
accartocciato arriva con la nonna,
da te, nipotino del display,
che l'hai proprio voluto.
Uno è rimasto, l'altro
è stato un po' schiacciato
come tuo nonno, sull'altra
sponda del mare, dalla tua
tenera meraviglia.

Parlando di diete

Parlando di diete decidi di
mostrare il punto vita toh – è una
vita che non ne vedevo una.
Hai zoccolato i miei neuroni scialbi
rigirantisi – drosophila – intorno
alle frutte mature. Lo zoccolo
– sbadata – hai lasciato qui su zerbino.
Asciugandomi i piedi lo vedo lo
tocco lo desidero. Provo a chia-
marti o a scriverti o a scrivere a
tutti tranne a te perché tu te ne
accorga. Per questa tua dieta devi
ingerire parecchio proteico.

Oggetto

Non erano bianchi,
né del resto appesa al chiodo la
facondia. Il dialogo è ancora
intirizzito, si scrolla di dosso
mesi di accucciamenti presso la tenda
vaporosa:
stesso colore dei pantaloni.

Le mani non ristanno:
sembrano voler afferrare
cosa, non braccioli né caviglie –
forse palpiti, che in effetti – bugiardo –
sentivo anch'io.

Cercheremo con foga –
tra elenchi di opere illustri,
in repertori, listati a lutto –
il modo di venire a capo di quelle
parentesi sotto la vita.

Nonscomparsa

Ti annuncio la mia nonscomparsa
– è come una nascita
solo di persona che c'era già –
in cantiere
ho dovuto stoppare la bocca larga
non autoestirparti
potrebbero venire ancora utili
i tuoi neuroni di tango
i tuoi tacchi di fango
le tue mosse impreviste
nel cantiere
– arrivo arrivo!

Sembro la rana
dell'autoestirpazione
la pena degli occhi
ho dovuto stoppare
dopo due presentazioni
un po' dispositivi
alle palpebre
una dermatite dalla bocca larga
oggi come oggi sembro un cantiere
per l'autoestirpazione
del cantiere
Bruno arrivo arrivo!

Grazia e giustizia

Non ti ho guardato ripiena di grazia
abbagliato – sovrastato – basito
teso a guardarmi l'orlo del vestito:
tè e non biscotti, tè e non miele.

Hai preso il mio cilindro e l'hai portato
in cucina dove l'hai cucinato
e poi restituito più pulito
col sole sprigionato dai tuoi denti.

Fiori vivi hai piantato sul mio varco
e camminar mi è stato più felice
la strada era concava e io nel mezzo
cullavo il tuo ricordo come un bimbo.

Radici amare

Quando ho visto le tue radici amare darsi alla fuga
le tue varici sotto l'orlo della gonna di jeans
ho capito la necessità delle mutande nere,
il pizzo nero del reggiseno sintetico:
mutande nere in cespuglio d'orto.

In gola mi sono ritrovato sette tuorli:
mai sarei riuscito ad amare al completo la tua
cellulite morbida: la tua cellulite presunta,
ortopedica, nascostamente cresciuta.

Intuivo la tua presenza in angolo di cespuglio
ma credevo di trovarti per sempre vacante
tra olio e sabbia di spiaggia a buon mercato,
nell'iter d'una vendita di pentole,
in un corridoio d'albergo a Odessa, o sul sedile
dell'autoarticolato diretto a Vladivostòk.

Incespicando nella figlia illegittima di Algebrica Foro
  Prue,
ho gettato l'àncora nel tuo angolo nonzappato
del reparto ortopedico, dove lasci radici amare,
dove cresco cespuglio d'orto,
dove le dita oltracotanti di guanti rosa

non assimilano.

Per tenerti la mano tra coyote e cinghiale

T'inseguo con la mano mentre ti allontani da me
tu su per il sentiero di casa tua
t'inseguo con la mano come per spingere te
tu su per il pensiero di casa tua
t'inseguo per entrare nell'orbita di tua gonna.

Tu sei la mia luna crescente
luna piena è qui da me quando ti parlo
stendi il bucato dentro il mio cervello
i calzini mi gocciolano sugli occhi
anche sugli occhi porti i guanti rosa:
tu sei la mia fase lunare.

Ululo di notte alla tua finestra scompostamente
per averti nei cinque minuti del cambio lenzuola
per tenerti la mano tra coyote e cinghiale
tra terriccio e letame
tu sei la mia luna decrescente.

Non abbreviare la parola

Non abbreviare la parola,
scrivila fino in fondo, non ti
ruberà quel tempo prezioso.

Non ammazzare l'agnello,
non insanguinare quel corpo appena nato
che ama la vita.

Non mangiare l'agnello
che ha appena imparato a camminare
traballando un po' come tua nipote, tua figlia.

Accarezza l'agnello:
lui non ha mai pensato male di te,
le tue carezze gli danno un piacere grande.

Non mangiare il neonato di sei mesi
con l'idea viscida che sia permesso sgozzarlo
solo perché non è il tuo.

Finirai per troncare anche una vita,
finirai per abbreviare anche il pensiero,
non abbreviare la parola.

Vite che si uniscono

Sotto il salice

sotto la vite

mescolare le foglie

mescolare le vite

che s'avvitano

Sono frutti

di vite diverse

che si uniscono

sono frutta.

Il tuo sorriso nasconde le perle del tuo collo

Il tuo sorriso nasconde le perle del tuo collo
il collo delle tue perle
immagino la tua mano che scrive dentro il
 porto
immagino la mia che batte piano
beviamo un tè e ti offro i miei biscotti
sono poco dolci
sono poco dolci ma a te piacciono
sono poco dolci ma tu li assaggi
sono poco dolci ma ci aggiungi il tuo miele.

Exodus

Sento la corrente delle auto verso l'autostrada
sento il gorgo d'aria calda trascinarmi col
  sudore verso la corsia d'emergenza
le cassiere sono nervose
lungo il viale per Eilat gli automobilisti
  vorrebbero aprire le portiere
ma la fila continua di sciamanti è d'ostacolo.

Sento la pace del rimanente a casa
sento la tragedia del panino finito all'autogrill
sento la noia per gl'incidenti mortali
le cassiere sono nervose
hanno continui scontrini coi clienti.

Mi sento costretto a partire
vado al supermercato a fare la spesa per
  restare
hanno finito il succo di pompelmo rosa
le cassiere sono amabili
le cassiere mi amano

resto.

Cercasi attori per teatro dei burattini e lenzuola per fantasmi del palcoscenico

Neo nata sei
neo nata come bambina appena nata
e frettolosa:
parto prematuro della fantasia esacerbata.

Dalla palafitta in riva al mare
fai trottare le tue mandrie di cavalli giganti
impervie criniere dromedarie
grigi busti rigidi e duri come marmo in riva
al mare
mostruosità equine e bovine:
che danno può mai fare la tua gatta
se si apparta distratta
se s'arrabbia e s'arrabatta stupefatta,
tremebonda di fronte a tanta mostruosità
equina?

Non capivi la musica

Indosserei la tua camicia
avevi alcuni peli grigi sul naso
e la bocca in giù in senso di diniego.
da sotto la saracinesca
leggevi adulato libri dei saggi
indicando Dio, no, il soffitto.
un modo invero strano di carezzarti, il tuo.
caro papà non capivi la musica.

La città ci ha esploso

La città ci ha esploso come uno starnuto
– e per placarla ho starnutito accanto a te –
mentre tenevo forsennatamente la rotta.

Perdona a me l'irruenza del cofano:
nella tua tappezzeria c'è uno squarcio
sulla magrezza delle mie sette vacche.

Perdona a me l'incontinenza della balestra:
disorientato dalla molteplicità delle reggenze
ho deglutito alla meglio una gola altrimenti
secca.

Per la produzione di queste chicche di caffè
non è stata usata misura small e nemmeno
medium
né femmine soggiogate dalla cintola in su.

Biblioteca

Sono venuto in biblioteca
nella saletta teporosa gremita di
tanga in lavatrice, collant pastosi,
magliette punzonate di profumo:

Chiusa nel cabinetto libri rari emanavi
respiri caldi e respiri tiepidi e respiri vaporosi
catalogavo con perizia ginnica
compulsando lo scaffale semiotica.

Ho deciso: lo mollo,
ma non so se poi – a conti fatti con
l'interpretante finale –
farlo, o lasciarlo soffrire.

L'importante è
il tuo reggiseno posato sull'oblò.

Energia a colazione

Il fumo della sigaretta del vicino si mescola
alla polvere sollevata dalla strada,
ai gas di scarico di motori giovani e anziani,
all'aroma dei rifiuti non riciclati:
è mattina, entra in circolo
l'energia della nuova vita.

Parte la moto e mi martella nel cervello
parole nuove di getto:
sale il fumo nella mente,
il vento mi gela la nuca,
l'oroscopo promette novità inattese
e io scrivo.

Solo apparentemente in salita

Solo apparentemente in salita
questa corsia preferenziale per tettine fruscianti e
 gambine anoressiche
cogli oleandri biologici
portaceneri biodinamici con riciclo del combusto.

Ti ho portato qui a braccetto
i nostri due caffè fumavano insieme accanto al
 portacenere pregresso.

Potrebbero occorrere fino a diciassette minuti per
perdere del tutto la memoria di te

potrebbero occorrere fino a diciassette minuti per
carezzarti la guancia ampia mentre mi passi accanto

potrebbero occorrere fino a diciassette minuti per
spiarti da dietro il grembiule

potrebbero occorrere fino a diciassette minuti per
raggiungere l'orgasmo pensando a te

potrebbero occorrere fino a diciassette minuti per essere
preso dal panico

potrebbero occorrere fino a diciassette minuti per
riempire la casa di gas e farla esplodere

potrebbero occorrere fino a diciassette minuti per
esaurire l'inventario con un'offerta speciale

potrebbero occorrere fino a diciassette minuti per dire ti
amo a mamma di questa bambina

potrebbero occorrere fino a diciassette minuti per
innamorarmi della zappatrice in guanti rosa.

Vestalia

Dopo una settimana
ho preferito che indossassi una vestaglia
anche se non del tutto chiusa
anche se non del tutto lunga
per accompagnarmi a cogliere rose giugno.

Tuoi piedi
affondavano in tappeto d'erba intriso di pioggia,
sciaguattavano in muschio
ma non volevi sentire di mettere zoccoli
– temevi accavallamenti.

Dopo sette giorni e sette notti che ti vedevo girare per casa
– senza un'allusione, senza una mano –
eri magazzino dinamite benzina.

Pompelmi

Hai nascosto i pompelmi
dentro sacchi neri di iuta
temendo potessi consumarli in battibaleno
– potessi spremerli.

Già solo posare le mani su tuo dattero
mi riempie di energia nucleare
posare le mani sul tuo zucchero
– che tu tanto faticosamente hai portato fino a me –
– che tu tanto prodigiosamente hai disceso fino da me –
mi fa sentire un'ape
mi fa sentire vespa – ingrassa – tuo – guardare.

Non ci crederai:

Non ci crederai:
m'hanno invitato in questa spiaggia
in una casa splendida.

Ogni mattina mi portavano un bacio fresco,
ogni sera un bicchiere di acqua e limone.

Dopo due giorni avevo polvere di stelle sulle
spalle
e sono volato via.

Ma l'intenzione era quella di tornarci.

Virgin Miriam

Sei venuta a iutarmi con le tazze –
sei venuta a iutarmi coi bicchieri –
troppo da sera – per una cameriera –
troppo da notte, per uno chalet.

T'ho passato strofinaccio per aiutarmi a riceverti,
t'ho servito strofinaccio su vassoio speciale –
ma tu aspettasti fino cuscinetti di miei polpastrelli,
aspettasti improbabili carezze di mastro cuciniere.

Mi sono specchiato nei tuoi occhi di lago:
con lingua t'ho aiutato sbarcare acqua
– trasmettendoti di certo un retrovirus,
ammorbandoti di certo virgineo midollo.

Spero che inoculazione non fa troppo male –
non ti sfondato troppo:
è prevista una certa reazione
dolori a ossa
sensazione nausea
deliri di notte
prurito sotto pianta di piedi:

peccato perché eri venuta a iutarmi con tazze,
ed eri venuta a iutarmi con bicchieri:
non costringermi licenziarti –
rimasto alone rosso secco accanto bordo
dove accosta bocca per assumere liquido.

I tuoi denti sono pecore

Mentre frugo nel cruscotto per salviettine profumate
quando strappo estintore da sedile e aggancio a coscia
i tuoi denti sono pecore;
quando faccio gocciolare olio motore in fiala profumo
e verso benzina in fiasca cognàc
i tuoi denti sono pecore, i miei formaggio.

Mentre getto lo straccio rigido di sporco
e rotolo assorbente dorme vicino a martello,
i tuoi denti sono pecore;
se taglio tappetini come tele da cornice,
arrotolo furtivo sottobraccio
e inghiotto lampadina centrale d'abitacolo
– accende quando giunge sede –
i tuoi denti sono pecore, i miei pioggia.

Mi ci faccio le gambe

Ho viaggiato mezzaterra per ritrovare casa
– su treno testa cadeva e non cadeva –
hai viaggiato mezzo mare per trovare da leccare
– a casa la testa bolliva e non bolliva –
ma non importa, non importa, non importa.

Ho da innaffiare piante importanti più di tue verruche
e – a bagno – tuo rasoio è morto e sepolto:
mi ci faccio le gambe per andare a ballare,
mi ci faccio le gambe per andare a nuotare.

Virtù circoncisa su isola thailandese
– piena di buchi. Accarezzo nuca di mio
cavaliere imenottero ci penso – tue camicie
forse non stiro più, forse
regalo a profesore, gliele incarto
gliele porgo quando viene
quando è steso al sole ad asciugarsi corpo e viso,
gliele stiro quando pennello passa su miei muri
quando mi trapana le pareti, quando
mi legge parole tedesche.

Vèrde

Ho visitato il tuo santuario il tuo bidone il
tuo casello
dipinto di vèrde
mi sono fermato alla sbarra
non avevo tua moneta
non avevo plastica.

T'ho lasciato un pensiero appiccicoso infilato
un'allusione ai tuoi sogni zippata
mi ci sono nascosto.

Hai guardato il foglio, sporgevano
la mia pancia
i peli delle mie orecchie,
il mio odore da metalmeccanico precario.

Tuo cacofonico vicino

Morindo

Sto morindo ogni quando
mi frusti con l'onda
m'addenti di schiuma
m'incendi gli occhi di sale.

Sto morindo ogni quando ritaglio
la mia vita a pezzetti –
nei ritagli vado cercando una forma –
per una forma che non è più presso di me.

Sto morindo ogni quando mia madre
le si spegne lo sguardo
mi riscalda in cucina
la mano sulla pancia.

Lo sguardo di rimando
m'insegna parecchio –
rimodello il mio corpo da ballo –
non darti disturbo, sto morindo.

Cartolina da Berlino

Scende la notte anche in questo cielo celebre
– in questa costellazione di *italienische Küche* –
mandrie alla moda s'intruppano nei pub, dove
bambolina straziata dai tank tedeschi aspira
odore di lavatura di piatti scandito da ventola
noncurante
affettatrice di mattine pomeriggi sere
qui nel backstage della serata altrui
lavo le stesse tazze che lavavi tu invece di lovare me
lavo le stesse tazze che lavavi tu invece di baciarmi
e pulisco calcare con cura per rimuovere qualsiasi
incrostazione di sorriso:
lacrime senza residuo secco bastano per il risciacquo
super.

Sento l'odore il sapore il colore dei tuoi polpastrelli
sul materasso ad acqua contro le piaghe da decubito:
vado a cuccia dove non mi conosce nessuno
mi accarezzo con loro, mi consolo con loro
anto, ho mollato la zavorra mucoidale al primo
incrocio
per riuscire a sentirmi tua per sempre.

Questo notavo venendo da te

Indosso mutande quelle lunghe da imbianchino
– segnate da precedenti vernissage –
davanti un bottoncino, un fiocchetto di panna,
ai piedi preferendo calze parzialmente lise per la presa
    del gradino
e una canottiera bianca a costine.

Avevi sparso giornali
indossavi per me la barchetta,
reggiseno bianco da puerpera,
quasi da gelataia. Col pennello,
e col rullo avvolgente ti ho creato
uno strato tutt'intorno, uno strato di candore
e le gocce sono cadute tutte nel posto giusto.

Ad avvolgere i giornali dalla parte giusta
– abbiamo fatto palla per sacco –
orgoglioso della palla tanto grande.
Su vetro di bagno si forma appannamento lungobordo
– lo notavo mentre venivo da te –
strato d'appannamento che qua e là fa goccia
questa però cadeva dove non era previsto:
questo notavo venendo da te.

Coltivatrice diretta

Sbandieratrice dal tacco allungato
mentre ruoti fianco la mia mano ti sfiora la pancia
sente il polpastrello il tuo morbido
robusto languore nero pettinato.

M'hai condotto quasi al centro della tua pista
ho avuto un momento di sospensione
di trattenimento del tuo seno tra le braccia
fingevo guardare a sinistra
fingevo guardare in alto
fingevo.

Non mi sono trattenuto dal fare la spia
non sono mai stato contrario ai tuoi movimenti dicorpo
del, tuo, corpo, contadina, zappatrice, mungitrice,
coltivatrice   diretta   copiosamente   deprivata   di
pizzadomicilio.

Celhosoloìo

Col risvolto blu da cameriere
col capello nero che si gelifica
Roberto tramanda princìpi di virilità
«Ce l'ho solo io».

La parzioniera dal reggiseno aranceo
attira a sé il mio gluteo con la mano.
«Nel tango devi farglielo sentire –
corto corto lungo lungo».

La testa spinta indietro, il petto spinto in fuori,
non puoi mai guardar negli occhi parzioniera:
tutte l'altre dame puoi guardare –
se vuoi rifarti gli occhi – della sala.

Accompagnato dalla musica

Accompagnato dalla musica
faccio il giro lungo in mezzo al parco
e la tua presenza è palpabile
mentre compi gli anni nella tua casa perfetta
e io vado a convegno con la mamma dei miei libri
attraverso i cunicoli metropolitani
mandandoti messaggi attraverso tutti i canali consentiti
senza sapere nemmeno se tu li ricevi
mi sento una fata ignorante
chissà se la brina sopra le foglie secche ti piacerebbe
e questo rumore glaciale con cui si spezzano ti farebbe un
  sorriso sulla pelle bianca
chissà se questo valzer napoletano cantato da Noa
produrrebbe in noi movimenti qui in mezzo al prato
e se il mio valzer imparato a scuola si sposerebbe bene col tuo
  valzer di sangue
ti mando un abbraccio virtuale, telematico
perché quello vero non è ancora stato schedulato

Lupetti

I lupetti ora dormono sonni tranquilli, la stagione
costringe a spogliarsi, costringe a mostrarsi,
mio malgrado le maniche si stanno accorciando,
mi lasciano a contatto col mondo, con la plastica del tavolo.

Le calze, i pantaloni lunghi resteranno sempre su di me,
lenzuola rumorose e pesanti ad avvolgermi,
mutande generose, coprenti, senza esitazione
mi fasciano grosse fino alla stagione dei lupetti.

Saremo soli

Saremo soli quando varcheremo
l'appennino a bordo della piccola
macchinina a metano, sosta a Bolzaneto,
per ritemprarci per rifornire la
fame del piccolo mostro.

Saremo soli quando daremo da mangiare
alla gatta, cibo e carezze, carezze e cibo,
e lei ci ringrazierà ronando, ci ringrazierà
lasciandoci le mani piene di pelo.

Saremo soli quando il distributore
di brioche, di caffè con macchia rossa
c'inghiottirà tra il suo buio di sterpi
fagocitando tutto di noi: ripartire
bisogna ripartire se vogliamo
raggiungere il letto davanti alla luna.

Sono più da riviera che da bosco

Sono più da riviera che da bosco
viaggio col treno, l'alba mi è compagna.

Possiamo fare il pane se vuoi

Possiamo fare il pane se vuoi
versami il tuo latte nell'impasto
e scalda bene il forno durante la lievitazione.

Possiamo ordinare un temporale per quando
saremo in spiaggia e saremo stufi di sole,
la mia giacca diventa un ombrello.

Sei senza reggiseno, mentre sei seduta
vedo due gioielli sotto la tua canotta azzurra,
non resisto alla tentazione di baciarli.

M'hai condotto per mano nel tempio

M'hai condotto per mano nel tempio
e sudavo sudavo nell'attesa di te
sudavo sudavo nel momento esatto in cui sei venuta
a trovarmi nella giungla dei copertoni consunti.

A piedi nudi nel bosco abbiamo inceduto
né i chiodi arrugginiti né i preservativi gettati hanno scalfito
   la nostra autostima
perché noi siamo stati nel tempio
a pregare inginocchiati per la bellezza dei tuoi occhi
a invocare la grazia sul tuo seno per secoli agognato.

Vorrei avere diciannove anni di meno per
comprimerti contro la piastrella bianca
ma tu sei perfetta nella tua concupiscenza attuale
perfetta per il mio istinto di poeta animale.

Cerco di portare a casa una carezza

Cerco di portare a casa una carezza
una belinata di sguardo dedicato
lo sguardo in camera della smaliziata
che strizza l'occhio mentre mano di fata.

Sei uscita di scena passando dal silenzio
dal vialetto in discesa delle felci
dove finalmente preferivi compagnia
bionda statura senza peli su lingua.

Museum

Solo sfilando tra gli ulivi
solo carezzando gli ulivi taglienti, di passata
ho visto la tua faccia piangente davanti al mio museo:
non sapevo quale impalcatura montare sotto la tua guancia
  turgida.

Solo in quel momento, fissando il fango
che avaro rincalzava il basso gettito dello stivale arancione,
solo allora ho capito d'avere calpestato settantine di germogli
mentre ti prendevo sul filare,
settantine di api operaie col fazzoletto intorno ai capelli.

Il mio polpaccio è sempre turgido quando
sono lì per inseminarti dei miei baci troppo umidi,
il mio polpaccio è sempre duro nel letto e se ti scalcio,
non devi pensare male di me, è solo l'ultimo discorso registrato
dell'uomo che voleva parlare.

Non paventare il mio museo ridondante di cadaveri:
son tutte morte sotto i miei ferri sul tavolo operatorio
mentre tentavo operazioni acrobatiche di assemblaggio
per il mio zoo di vetro: sai che ci tengo particolarmente
quand'è stagione a mostrare al vento gli amplessi di colpa.

Oggi è il ventinove febbraio

Oggi è il ventinove febbraio
fra ventitré giorni ci sarà un po' di sole
coi pantaloni corti e i brividi
coi pantaloni lunghi, sudati
e le uova sode
cammineremo senza motivo.

Oggi è il ventinove febbraio, dolce
la prima goccia di pioggia della stagione
su teste o su metallo impolverato, dolce
cancella le domande fatte senza motivo.

Oggi è il ventinove febbraio, pare
la primavera comincia domani nei territori occupati
solo da noi arriverà tardi come al solito
e il fratello maggiore avrà due uova sode
un piatto di lenticchie
la tavola spaccata della legge.

Batuffolino

Mia figlia compie ventidue anni,
stamattina l'autobus di via Cenisio non m'ha investito,
meno male, così posso dirle
tanti auguri.

L'ho messa in un mondo che non la vuole,
l'ho messa in un mondo che le fa male,
l'ho messa in un mondo che le va stretto,
per fortuna ieri il camion non l'ha schiantata così posso dirle
tanti auguri.

Vent'anni fa sulla spiaggia di Castagneto c'era il mare grosso,
lei era un batuffolino galleggiante coi braccioli
e la risacca impediva a quasi tutti di tornare a riva,
per fortuna i braccioli li avevo gonfiati bene
e il mio cuore ha pompato tanto ma non ha pompato troppo
e il mio stomaco grasso non mi ha tradito
e la mamma aveva la tavoletta verde chiaro a cui aggrapparsi
e ho spinto per primo il batuffolino a riva e poi sono tornato a
    prendere loro
così oggi posso dirle
tanti auguri batuffolino.

Mattarana

Io e te soli
il tavolo ondeggia un po'
la cameriera sorridente ci porge il suo menu di antipasti
oggi non prendo il fritto misto.

Il porcino che sgranocchi dal mio piatto
sei la donna più elegante del vicinato
il tuo scamiciato un po' corto
i tuoi collant un po' scuri.

Scrivendo sulle bozze, in riva al mare

Scrivendo sulle bozze, in riva al mare
il bacio che m'hai dato alla stazione
era fragrante come un cannoncino
di crema. E la maglia tua del resto
era gialla a costine. Quand'ho visto

che non è necessario correr via
ma restare tra la gente in mezzo ai treni
a raccontarsi, più cogli occhi che col resto
ho capito di tutto il tempo perso.

Siamo scesi per un vicolo sbandando
un neo sopra il tuo braccio che tenevo
e comprato quel libro ormai consunto

da un omino che vendeva quasi tutto.
Il suo negozio è tutta la sua vita.
Solo, a casa, guardavo l'orizzonte.

Ora se mi specchio

Ora se mi specchio
con la grande cornice di legno
non c'è più quel disperato sedicenne che annaspava,
per non annegare nelle domeniche pomeriggio
davanti ai vetri della finestra
bloccato e perso nel tratteggio dei passanti.

Il serbatoio del mio cuore è sempre in tiro:
nuove idee di soqquadro, nuove tinte beige,
nuovi davanzali da affacciarsi e da riaffacciarsi
e treni aerei navi che partono senza falsa modestia
trasportando vagonate di piani d'azione, stilografiche, taccuini,
occhiali da lettura
e il pensiero di avere un casotto come Mahler
dove comporre brani d'esistenza
e se anche finisce il carburante put put put.

Sottocoperta

Al comitato centrale sul terrazzo
m'hai teso la trappola mortale
dalla melanzana navigante è spuntato il tuo graffio
avevo sempre saputo che eri una gatta.

Mi sono girato di scatto per respingere l'offensiva norvegese
e affondare le tue certezze maschili
in un cocktail tossico di sigarette e di vino
ma la carezza che hai saputo incassare in area di rigore
ha sderenato gli animi del vicinato.

Scusa se non ti ho aspettata sveglio
ero sottocoperta
al flipper del Des Bains ti sfido all'ultima goccia
se abbandoni la droga sotto il cruscotto.

Quando attraverso molte onde

Quando attraverso molte onde
finisco sempre per raffreddarmi con gli schizzi.

Ho sempre la mania di stare a guardare quello che succede,
quello che passa.

Oggi il fatto di esserci incontrati sul ponte ombreggiato della nave,
di avere preso l'aperitivo mentre la tua orchestra suonava musica tibetana,
mi ha lasciato in bocca il sapore della tua cipria, del tuo rossetto,
e non riesco a toglierlo.

Quelle nubi sospese

Quelle nubi sospese
queste navi imbronciate carezzano il mare disotto.

Nelle menti sospese
le parole impregnate non passano al cuore di sotto.

Se le osservo, sorprese
pel mio occhio e per me mi dilaniano il tempo d'un botto.

E le canne, già offese
or si ammosciano a terra latrando dei pianti a dirotto.

Il mio umore è sospeso
se sia meglio passare all'azione o racchiudermi a gatto.

Si son fuse nell'aria
chissà poi se davvero le ho viste o era solo un difetto.

Nel mezzo del bucolico, del regno

Nel mezzo del bucolico, del regno,
riconto i giramenti appiccicosi
di un vuoto aperto al caldo della notte
di sogni affastellati, di stanchezza.

mi assordan le cicale, le trattrici,
le grida ai nervi isteriche bestiole
(altro non son che me mutato il tempo)
cercando di tirare remi in barca.

il corpo mi si strugge, mi abbandona,
mi lascian le passioni già inventate
mi resta dentro un gusto di amarena

mia nonna ancora in guerra e senza luci
mutuata da un romanzo che mi avvince
tutto fuorché me stesso, è l'importante.

Le bombe sfiorano la Siria

Le bombe sfiorano la Siria
scendendo alla pianura dalla valle
la sfilata di corpi in via di riproduzione
che sorridono, senza pensiero, inerti
mentre aspettano l'autobus della spiaggia.

Devo sciacquare in quei corpi la mia ansia
stemperare in quei corpi la cupezza
pur sapendo possederli solo a distanza
pur sapendoli far spogliare solo in spiaggia.

Tu che ti sei tolta per me sulla mezza lunetta
quel vestito nero con le corde ai polpacci
e immersa nell'abisso di porto pidocchio:
mi si è spenta la vespa, mi sono inabissato,
non ho mai raggiunto quella spiaggia.

Ed improvvisamente a Camogli

Ed improvvisamente a Camogli
sono saliti i barbari
con vestiti della domenica
e cravatte della domenica
la camicia a righe bianche e grigie
con effetto prospettico

trincerato dietro *caldo e scuro*
vedevo le loro grandi labbra sottili
svelare la disoccupazione dei dentisti
fedi grosse d'oro giallognolo
la meno grossa della signora Bottondoro
con cui masturba a suo marito
per poco non mi compravendeva ogni
immobile
la loro dipartita era prevista a Genova
il pollice sinistro completamente sputacchiato
per esplosione del baricentro.

È sabato nella mia anima

È sabato nella mia anima
il vento lucida sulla collina i pini
spazzati di sole
dopo ore di lavoro in officina
gode il mio corpo
l'orgasmo del nervo ottico
in vena di buoni propositi
ma la poltrona langue
e il romanzo è volato nel mare.

I miei sandali tedeschi

Con le calze di lana sulla spiaggia
il mio disappunto per la nudità leggera
il mio piede è gelato quando non sei qui
il mio collo è gelato quando non sei qui
sento il vento che mi entra nel collo e nelle mani
tra i bagnanti assolati, insolentiti
tra gl'infradito volgari con l'alone di sporco sul tallone
tra i racchettoni che scandiscono il tempo sprecato a
sudare sulla spiaggia
a puzzare sulla spiaggia

ci vediamo sul lungomare di Nervi
con le calze di lana sottobraccio a te.

Mette sempre il pepe nel caffelatte

Mette sempre il pepe nel caffelatte
ordina zampe di gallina a colazione
nasconde il latte nel bagagliaio

i suoi vestiti sono intrisi d'Ebola
sempre seduta di guardia
io e Luca l'abbiamo tozzata
il suo corpo giace a Kozelsk
sul bagnasciuga
emerge già il suo orologio
inossidabile al polso

battello.

orinare

quando vieni a orinare nel bosco qui intorno
attenta alla pungitopa
ne ho messo cespugli bassi ad altezza d'uomo

Sei sparita tra i rovi

Sei sparita tra i rovi

lasciandomi in braccio tua nipote
in camicia da notte
non sapevo che fare – la tua dipartita
era una macchia sulla reputazione del mio pigiama.

Quelli dell'ultim'ora sono i morti più sfortunati

Tutti i combattenti mettevano già fuori i primi germogli
le mogli dei combattenti mettevano già fuori i primi panni
    stesi
e i bambini, sporchi di polvere d'inverno, venivano lavati alle
    fontane
offrendo al sole il seno, i turgidi capezzoli

l'odore di polenta usciva dai camini delle case vuote di pietra
i cani magri mangiavano acini secchi e mele marce
e i bambini mangiavano il pane riscaldato sulle lastre di
    pietra
delle panche dei tram che sferragliavano soddisfatti sui viali
pieni di cuori pulsanti, di ascelle sudate e di braccia
    aggrappate

le ultime colonne naziste sfilavano verso nord
per alcuni anni d'estate le nostre coste ne furono prive
a rimorchio trainavano barche e motori evinrude
e sul tetto portavano pitali ed agrumi ed erbette tagliate alla
    svizzera

e rastrelli e pistole quadrate e veleno per topi:
quelli dell'ultim'ora sono i morti più sfortunati
che muoiono ch'è già primavera

Sulla sua bambina

Ti son venuto leggendo nel prato
– distratto dai lupi – ho pestato la tua viola bianca
condurre fino a te la belva al guinzaglio
non mi è mai stato facile:
la belva che comporto dentro di me
un tempo ci ha fatto incontrare.
Se Cetra e Musa si rintànano pronte a sferrare
altrettanto speravo di me
biascicante berlinese davanti al tuo seno
impossibile a dirsi.

Non chiedersi

Figlioduomo, figlio del tremore
mi leghi a un palo
come da fucilare
allora fucìlami, figlio del tremore
figlio del terrore
cosa mi lasci qui
se non vuoi che ti venga dietro
Figlioduomo maledetto
domani la fidanzata al corbezzolo attacca te
e tu muori
tra frutti spiaccicati.

Lei non rispose

T'ho imburrato le labbra per mangiarle
ma la luna era girata
t'ho sfiorato il seno salutando
la tua pelle era gonfia di freddo
ho insistito per baciarti di sera
per ben più di un secondo
sei sparita nell'uscio, tornavo
col mio lupo grigio
e nel portico col vino rosso
accarezzo il suo pelo
mitragliato dal fuoco amico.

Soltanto quattro salti

Sulla East Coast ho trovato un tesoro di donna
membra ho giaciuto, senza guanti.
Anche tra palme la donna ha una virtù
– un morbido amore.
Tronfio, passeggio sul lastricomare,
bevo caffè.
Sapessi com'è piena d'agio la vita a Òlivud
– sembra Rimini –
son venuto da un giorno a dislocarmi
per riuscire a tornare.

Per una notte

In amore meglio non affettare
il buio con tagli arancione
il seno con tagli arancione
meglio non affittare soffitti viola
e altre volgarità.

Usciti dalla favola

Le avventrici della spiaggia riservata
ai servitori di Madre Miriam
venerano le sparse egagropili
– pelosi attributi di don Benito –
e questo tronco imbiancato dal mare
membro del club del traduttore ossificato.

Lui aveva un grosso cervello

Porto con sé il tuo sapone:
le bustine d'hotel
mi sanno di lontano.
Ogni giorno da te un biscotto.
Non gettare i biglietti
son messaggi per me
che ancora devi scrivere.

Casa mia

Tra il russare dell'umano
e il gromolio del cinghiale
– sotto 'l pelame de li versi strani –
dormo nell'umido autunno
ma il mio pensiero corre a te
– rorida cagna –
e ai profumi che spargi per campagna.

E si presero per mano

Nel tuo amfiteatero sontuoso
t'ho seguìta abboccamento segreto
contando trentasette specchi integrali
rifrangenti ciccette di braccio
operato, operante su di me
nel nome di Miriam, di Cora Amarevole
e del sottospirito, tanto
nel tuo amfiteatero pomposo.

Dove più ti conviene

Ho preferito chiudere sotto quel
coperchio rigido di lavatrice
ogni tua pretesa di aggrappante in bagno.

Il sangue che mi resta del tuo membro
onorario evirando in centrifuga
è frammento d'un discorso ingiurioso.

Dilavo con affetto il tuo reperto
d'opera piena d'implacato umore
finito in scarico col perborato.

Riuscirono a fuggire

Sono un tomber:
scanso le poetesse cadute
nella cattedrale.
Tutto il giorno a spazzare sangue in corridoio.
È acclarato:
fungo da organo.

Presa dal gioco

Hai staccato i biglietti (postali)
per il mio spogliarello alfabetico
e ora sono qui con la mia biro
blu come il tuono, blu come l'odore
di te che parti, vento che rimane
a dirmi, sono sola col tuo cane:
potesse, seguirebbe le tue tracce.
Con biro blu, non celo i miei difetti
tracciando segni schivi sui biglietti.

Soltanto quattro salti

Quando allo zoo il leopardo m'ha puntato,
ti rimpiangevo – quasi – nuvola di carne
svigorita: il tuo conato esplicito
di possedere il corpo astratto del prof
m'è parso all'improvviso poca cosa.
La caporala ha preso il mio destino
senza guardare, a schifìo della destra
mano. Il mio valzare frigido dipoi
s'è sciolto quand'ho scorto che la belva
null'altri era che Donna Lazita.

Né niente di simile

Mentre, nel sottocattedra, a drenaggio
ormonale mi sottopone Barbara Ann
– né c'è verso di bloccarla –
tramando il mio ignorar verso per verso
alle sue concubine prone o supine.

Le chiese «Cosa vuoi»

Lettura del sismografo di Cervia
picchi d'impennata sul pennino
vedi alla voce inseguimenti didascalici
la sera indigestione di leopardo su un letto di
pailette
il pomeriggio devìo e cancello le tracce
la mattina in miniera a estrarre versi.

E tutto quel che hai

Dopo cotanta studiata piastrella arrèdica,
dopo cotale seccoduro desolante,
trovo l'oasi del tuo surplus lipidico
che m'accoglie pastoso.
A te fu eretto il tempio centrale
della città, meritevole di eterno zampillo.

La signora

Incede trionfale la Postina,
il Corpo Suo, portante i Verbi Tuoi,
l'aggancio col saluto e con lo sguardo
tentando di fermarla. Ma lei corre
spostando per il mondo le sue sacche.
«Che ci fai, maschio sudato, nel bosco?
Che ci fai, con schegge detraibili
e ovunque appiccicoso di pineta?»

Da molto lontano

Affondo languido in questo gorgo grigio
in questo rimestar parautunnale
il mare mi carezza
il mare mi blandisce
il mare mi fa
ritornare da te che spargi il seme
lo spargi per me, lo spargi per te,
disponi le tazze per il nostro tè.

Niente da chiedere

Dalla cattedrale dei cavi,
dalla regina degli altisonanti,
te la canto te la suono te la sogno:
un bacio non è mai troppo poco,
se viene da te,
Guantidirosa.

Senza colpo ferire

E al tea party ci aspettano ancora
con attenzione speciale per noi,
ladri di cucchiaini misuratempo.
Oh, non chiedermi cos'hai:
la tua mano sulla mia
coscia flebile
per andare sulla tua
pista concreta.

Con dei nastri colorati

Mandi frammenti còsta quel che còsta
alla velocità di un frecciagrigia
li colgo nel boschetto tra l'allòro e l'ontano
li ricevo dal boschetto per mano postina
– per mano corsara.
Ci sei venuta a letto con me,
però senza di me:
il tuo odore quando torno sul mio guanciale.

Modi di vivere

Lupo sono per questo
mica posso seguire i tuoi dettàmi
te ne sei andato da un po'
a Oriente a volte migrano anche i cani
in corsia d'emergenza
galoppo, cerco umani tra rottami
perderò la pazienza
son Lupo, non sopporto gli abbandoni.

Senza colpo ferire

All'ora di colazione m'offri sangue
porgendomelo sommessa
ma comunque soffio per riempirti ancora
per riempirti d'un che di fragile
per riempirti d'un che di solido
capace di darti anima.

Troppo grande

Anche il sangue sa essere pulito
quando scorre senza polvere:
m'aspettavi sul prato
castigata – ma non troppo –
castigata – ma non da me –
tutto quel rosso
come per caso davvero fluente,
fluito, era lì a chiamare me,
sordo

Laura U

I capelli raccolti dietro
– diretta conseguenza delle tempie –
sono carezze del vento
– prima di baciarti s'è sputato sale sulle mani –
di Levànto.

La bambina che mi ha posato il bicchiere
ha versato una goccia sul piattino
tremava di smalto rosa chiaro un po'
scrostato.

Il cucchiaino lungo non sapevi dove posarlo
l'hai infilato tutto nel bicchiere, e tre bustine:
quello bianco, quello marrone e quello finto.

Ci vediamo all'ora dell'aperitivo
– solito posto –
il rabbino ci unirà nel vincolo e sotto le
infradito
spezzeremo i calici di succo di pompelmo
infrangendoli contro la mollezza della sabbia.

Da quaranta ladroni

Con la lingua inabissata nel mar bianco
sprofondando in un gorgo di crescenza
tumida: nel plotone t'ho tradito
con gonze che indossavano infradito
il dispiacere ha avuto un climax.

Legàti alla vita

Lontano indèbito
rompo la cateratta del lupo
e lui ci casca.
Lo inseguo per lunghi binari
ma appare sordo,
sente solo
fervidi richiami d'autostrada.

E una strana maniera di sorridere

Prendendo   vantaggio   dalla   corsia
d'emergenza
ho aspirato spifferi fiàtici:
il vaso di pàndora suggeriva di nascosto
interferenze sul tuo collo merlettato.
Obbedientemente eseguivo,
Lupogrigio mi musava la coscia
e una strana maniera di sorridere.

Mi sei venuta incontro dal buio

Mi sei venuta incontro dal buio

seduta in agguato

ma io ero chiuso nell'ovulo

non hai potuto parlare.

L'aureola del bacino ben più vasta di me

m'hai avvinto nell'ascensore

ma giunto alla top delle scale

non sono potuto uscire.

In attesa d'esame

Check del chilometro sessanta
più abbrutito che impaurito
porto scorte di aperitivo biondo.

Ma la prima sessione
durante la partita di pallone
sono stato falciato come un prato
sono stato segato come un fegato
in acqua di rose
e il mio poema
scritto di sangue scritto di lena
il mio scritto fu fagocitato.

Covato tutta notte nel folto del bosco

Covato tutta notte nel folto del bosco
esco nell'abbaglio del controsoffitto
per ritrovare le vostre voci note
di cui non capisco nemmeno una parola.

Ho lasciato nel bosco due emissarie
a squartare e decapitare gli osanti
sbranare i passanti, asciugare i capelli
rizzati. In galleria ho preferito i fari.

Navigo le vasche della mia vita

Navigo le vasche della mia vita
tra un incubo prima e un incubo dopo
tra un gatto che scappa e un paper da dire
tra un cespuglio in rigoglio e un ceppo
sanguinante.

La scrivania che non ho né mai avrò
è solo un salvagente provvisorio
strapuntino lanciato in fondo al mare
tra un downer e un hanky-panky e un vino
bevuto all'alba e una spremuta di lacrime.

Per nonvivere così mille sponde:
tre sponde siete voi, le altre son finte,
son boe per personcine senza peso:
mi avvinghio, e sprofondo peggio ancora.

Se navigo è grazie al vostro amore
soltanto perché mi sopportate
anche se son zeppo di bitorzoli
navigo le vasche della mia vita.

La sensazione della tua mano che

La sensazione della tua mano che
accarezza la mia scarsella
– in qualsiasi momento può stringerla, e allora
STOMP! –

Venire di corsa in salita senza fatica
fino al tuo campanello che non c'è
per suonarti di scendere:
siamo bambini,
vogliamo correre,
c'è il sole che s'infila sotto le nostre suole e le vola
sui ponti del fiume che magari nemmeno hai
degnato di uno sguardo.

Siamo bambini, e te ne ringrazio: da tempo non lo
ero più stato;
la tua voce ha cantato con la mia,
la tua voce ha sostenuto la mia,
la tua voce ha penetrato la mia
– in mezzo a clangori di voci dissennate –
e ora – non me la lascio più scappare.

Dopo porto la paletta e il secchiello
ti mostro un parchetto giochi dove potremo
vedere le biglie rotolare.

Intatta tu intangibile di plasma

Intatta tu intangibile di plasma,
occhiali porti nuovi per il me
che scappa col cartone tra le braccia;
c'è là una bestiolina e fuggo al guado.

Un'asessuata scorta me e la bestia
rifugiata tra sbarre nel cartone:
parcheggiate fino ad acqua nel fanale
sono le auto al Hill Grocery Store.

Nella buriana accade a te la fuga?
Sarebbe un punto fermo nell'angoscia;
rimani nel mio letto a tua insaputa
intatta tu intangibile di plasma.

Io capisc atté

Io capisc atté,
tu capisc ammé,
e chi ce lo può togliere.
Un messaggio due messaggi ci scambiamo
un'occhiata
tutta la vita spiattellata davanti.

Se ti chiedo atté
tu m'arrispunne
se tu mi chiedi ammé
io t'arrisponno
ma acché sserve?
Tanto già lo sapevamo.

Quando sarò vedovo
verrò ad abitare nel tuo shed
vicino alla bicicletta e alla gatta
vicino al decespugliatore e alla miscela.
Lì abiterò sopra una branda
taglierò l'erba per te.

La cura che metti

La cura che metti
su ogni parola
è una mano che metti
sulla gamba di lui.

Perfetta la J del tuo profilo:

Perfetta la J del tuo profilo:
non la toccherei nemmeno se potessi
ma mi scalda sapere la cura
che metti su ogni parola.

Ma se il vento

Ma se il vento,
prepotente e assassino decide ora
di essere tiepido, di essere gelido
di andare venire restare da sé
solo un costrutto, dici tu,
solo un costrutto culturale ma cos'altro
cos'altro ho per aggrapparmi
cosa c'è di base, qual è il fondo
solido? il nucleo intorno a cui si
avvolgono le certezze? come un rocchetto,
come un racconto, si dipanano gli strati
– non sanno di essere arrotolati sul
nulla.

Topina e topino 1

Ho un topo sotto il tetto – ha detto Topino a
Topina
Vieni in Piazza ti do il rimedio – ha detto
Topina a Topino
Dormo sul divano e mi fa male il collo.
Vieni a dormire in capanna – ha detto Topino
a Topina
Al mattino ti porto il bombolone.
Verrei, ma non posso lasciare – ha detto
Topina a Topino
To' il rimedio, vedremo il da fare.
Sotto il tetto non ho più un topo – ha detto
Topino a Topina
Ha mangiato il tuo rimedio e ci è rimasto.
Questa storia mi pare – ha detto Topina a
Topino
un po' pericolosa: sei morto anche tu?

Topina e topino 2

Sotto il tetto ho una famiglia numerosa di
topini te l'ho detto
Vengo a Piazza ti procuro del veleno a piene
mani tu mi fai
Non vorrei che si facesse troppo male la
topina te l'ho detto
Me l'ha dato un vero amico che lo tiene dentro
il camper tu mi fai
La consegna è avvenuta sulla piazza della
Piazza, car-to-car
La filmavano i marines, i militari,
impigiamati, con il drone
Ma la maschera tenevi sotto il mento per i
baci per i germi
Sul divano dormo sola mentre intorno mi
sconquassano le ovaie
Se desideri puoi anche trasferirti alla capanna
del legname
La mattina colazione a domicilio con hot dot
in salsa rubra
Non mi posso trasferire nel legname tu lo sai
c'è la topina

Ma il topino è solitario e si accende solo
quando ci sei tu
Ti ho baciato sulla piazza il tuo virus era
gustoso me l'hai dato
Son rimasto senza fiato però almeno sono
morto a Topolinia.

Fabra

Il tuo seno è riccio, riempie, anche se
con lo sguardo mai ti fermeresti a
contemplarlo. Il tuo senno è girovago,
consideri perduto anche l'amico
che non hai perso, solo fu disperso
da una disattenzione sul treno, in
curva, fu trovato che respirava
ancora un cartoccio d'insalata
e l'olio buono.

Il tuo olio è santo, nel bagagliaio
celeste custodisci olive crude
da friggere in padella ma dov'è il
testo, l'olio, dove invece il metate-
sto in questo tuo costrutto ammirabile
assurdo perché mi hai inoculato
la grazia del tuo cuore ma non hai
fornito i paraurti per la grazia
del mio, orrendamente nudo.

Mi hai convertito, con te sono andato

a messa ogni mattina alle sei, la tua
musica celeste nell'orecchio, messa
da requiem o da insalata, condita
di ricordi, pesci fritti, librerie, bambine
svettanti, madri nominate invisibili,
scatoloni da aprire, scale al piano disopra,
giardini con ulivi.

Sono capace, solo una volta all'anno
pellegrino senza fagotto nelle tue vene
mi trovo bene, anche se altrui ci sono
abituato, clandestino nella tua cantina
che non c'è, ancora da scavare, ma per me
un posto è sufficiente, nel frattempo
vedrò di non avere dimensione.

Nel buio del bosco

Nel buio del bosco i tuoi occhi sono un richiamo
per le mie carezze.
Ti ho trovata qui nel bosco inseguendo le lucciole,
ti ho trovata qui nel bosco inseguendo le stelle
e ora i tuoi occhi mi attirano, mi solleticano
e cerco di accarezzarti, ma
quando avvicino la mano alla tua guancia
si spezza un ramo, crolla la tua immagine:
mi ritrovo nel buio del bosco a cercare invano
i tuoi occhi.

Se corro nel bosco

Se corro nel bosco, se salto
col tronco in mano, come un pompiere
se fingo quattordic'anni per gamba, e rivivo
col cuore in gola
e getto altra carne al fuoco, altra legna
come un attizzatore scelto
se fantastico forconi infilzati nel costato
e soccorsi poco pronti, e menomazioni
pensando di uccidere parti di me
proiettato verso un frigorifero monodose
verso un monolocale di periferia
verso una cuccia
non posso non cogliere il ridicolo, il comico
le amiche che mi ascoltano compunte ma poi
 spifferano
le femministe in pensione, le maestrine.
intanto a Breukelen, tra la Park Slope e la
 diciassettesima
ho comprato un appartamento a rate
per il nostro ripasso.

Dello stesso editore

Poesia

Osip Mandel'štàm, Pietra (edizione cartacea: La Vita Felice)

Osip Mandel'štàm, Tristia. Secondo libro (edizione cartacea: La Vita Felice)

Osip Mandel'štàm, Quaderni di Mosca (edizione cartacea: La Vita Felice)

Anna Achmàtova, Stormo bianco (edizione cartacea: La Vita Felice)

Anna Achmàtova, Rosario (edizione cartacea: La Vita Felice)

Anna Achmàtova, Sera (edizione cartacea: La Vita Felice)

Anna Achmàtova, Tutte le poesie

Marina Cvetàeva Accampamento dei cigni-Separazione (edizione cartacea: La Vita Felice)

Marina Cvetàeva Verste. Poesie 1916-1920 (edizione cartacea: La Vita Felice)

Marina Cvetàeva È ora di spegner la lanterna. Ultime poesie 1936-1941

Aleksandr Blok Crocevia (edizione cartacea: La Vita Felice)

Aleksandr Blok Città (edizione cartacea: La Vita Felice)

Aleksandr Blok Poesie sulla bellissima dama
Aleksandr Blok Ante Lucem

Dino Campana Tutte le poesie
Vladìmir Majakovskij Tutte le poesie (1912-1930)
T.S.Eliot Canzone d'amore di J. Alfred Prufrock
Cantico dei cantici
Bruno Osimo Spazio intorno allo squalo
Bruno Osimo Poesie dall'ospedale psichiatrico
Bruno Osimo Poesie apocrife di Anna Ahmàtova
Bruno Osimo A Silva
Bruno Osimo Per tenerti la mano tra coyote e cinghiale
Bruno Osimo Sguardi rubati ; Gianpaolo Tescari
Bruno Osimo Bolle d'accompagnazione
Bruno Osimo Proposta sibillina
Bruno Osimo Ce l'hai scarico da un pezzo
Bruno Osimo Sei un vaso di fiori di campo
Bruno Osimo La scoiattola d'autunno

Semiotica

Bruno Osimo Semiotica semplice
Bruno Osimo Semiotics for Beginners
Bruno Osimo Semiotica per principianti
Lev Vygótskij, Pensiero e parola
Charles Sanders Peirce Filosofia della mente
Jurij Lotman Il testo nel testo
Jurij Lotman Le tre funzioni del testo
Jurij Lotman Autocomunicazione: «Io» e «Un altro» come destinatari
Jurij Lotman Le mie memorie 1922-1940

Jurij Lotman La semiosfera: culture
Jurij Lotman La cultura e l'intelligentnost'
Jurij Lotman Il ruolo dell'arte nella cultura
Jurij Lotman Asimmetria e dialogo
Jurij Lotman Il modello della struttura bilingue
Peeter Torop La semiotica della cultura. Introduzione alla scuola di Tartu fondata da Lotman.
Peeter Torop Biografia privata di Lotman attraverso gli autoritratti. Il discorso interno di uno studioso
Peeter Torop La transmedialità dell'autocomunicazione della cultura
Peeter Torop Sugli inizi della semiotica della cultura alla luce delle tesi della scuola di Tartu-Mosca

Opere di Gógol'

Notte di maggio ovvero L'annegata
La sera della vigilia di Ivàn Kupàla
La fiera di Soróčinci
Memorie di un pazzo

Opere di Solženìcyn

L'arresto. Vivere e morire ai tempi dei gulag
L'istruttoria. Torture, false confessioni, gulag
Storia delle fogne russe. Ondate di deportazione in gulag
La donna in lager. Vita quotidiana nei gulag

Opere di Čechov

Zio Vanja

Tre sorelle
Il gabbiano
Il giardino dei ciliegi (L'amareneto)
L'insegnante di lettere
Dama con cagnolino: racconto
Casa con mezzanino (racconto di un pittore)
Racconto della signora X
L'isola di Sachalìn
La dacia nuova
A proposito dell'amore
I mužikì
Alle feste di Natale
Per affari di servizio
Nel baratro
Tre anni
Il duello
Ionyč: racconto
L'arciereo: racconto
La sposa: racconto
Kaštanka: racconto
Ragazzi: racconto
Principessa: racconto

Opere di Tolstój

Imparare a scrivere dai bambini
Infanzia
Non uccidere nessuno
Non posso stare zitto Contro la pena di morte
Su ciò che viene chiamato «arte»
Il Vangelo spiegato ai bambini
Il parassitismo
Sonata «Kreutzer»

Il desiderio sessuale
Religione e morale
Perché la gente si droga?
Perché non mangio la carne

Opere di Dostoevskij

Notti bianche
Memorie dal sottosuolo
Il villaggio di Stepànčikovo e i suoi abitanti

Opere di Leskóv

L'ebreo in Russia
Il pellegrino incantato. Il mancino
L'angelo sigillato. L'ebreo in Russia

Opere di Bulgàkov

Comune operaia № 13
Il mago nero
Ho ucciso e altri racconti

Opere di Pùškin

Evgénij Onégin

Fiabe popolari

Sivko-burko. Fiaba popolare russa
Fiaba su Ivàn-zarévič, sull'uccello-brace e sul lupo
grigio. Fiaba popolare russa

Peeter Torop Total Translation
Vlahov Florin The Translation of Realia
B., S.A. Osimo Cognitive distortion, translation distortion, and poetic distortion as semiotic shifts
Bruno Osimo On Psychological Aspects of Translation
Bruno Osimo Literary translation and terminological precision: Chekhov and his short stories
Bruno Osimo Basic notions of Translation Theory
Bruno Osimo Translation Studies. Contributions from Eastern Europe
Bruno Osimo Handbook of Translation Studies
Bruno Osimo Juri Lotman's Translation Handbook
Bruno Osimo Dictionary of Translation Studies
Bruno Osimo History of Translation
Bruno Osimo Roman Jakobson's Translation Handbook
Bruno Osimo The Translation of Culture
Bruno Osimo Prototext-metatext translation shifts
Anton Popovič La scienza della traduzione
Peeter Torop La traduzione totale
Aleksandar Lûdskanov Un approccio semiotico alla traduzione
Vlahov Florin La traduzione dei realia
Revzin Rozencvejg Manuale di semiotica della traduzione
Jiří Levý La creatività linguistica e letteraria del traduttore
Jiří Levý Stile letterario e stile traduttivo. Come si forma il traduttese

Zuzana Jettmarová Teoria ceca della traduzione
B., S.A. Osimo Distorsione cognitiva, distorsione traduttiva e distorsione poetica come cambiamenti semiotici
Bruno Osimo Manuale del traduttore di Giacomo Leopardi
Bruno Osimo Peeter Torop per la scienza della traduzione
Bruno Osimo La traduzione totale. Spunti per lo sviluppo della scienza della traduzione
Bruno Osimo Teoria della mediazione linguistica
Bruno Osimo Traduzione come metafora, traduttore come antropologo
Bruno Osimo La memoria della cultura: traduzione e tradizione in Lotman
Bruno Osimo Traduzione e nuove tecnologie
Bruno Osimo Terminologia semiotica e scienza della traduzione
Bruno Osimo La lingua non salvata
Bruno Osimo Traduzione giuridica e scienza della traduzione
Bruno Osimo Traduzione della cultura
Bruno Osimo Traduzione letteraria e precisione terminologica
Bruno Osimo Traduzione e qualità
Bruno Osimo Traduzione: aspetti mentali
Bruno Osimo La traduzione totale di Peeter Torop

Fuori collana

Federico Bario Come batteva il tamburo
Aleksandr Ânov Le origini dell'autocrazia
Anatolij Rybakov Gli anni del grande terrore

Raffaello Giovagnoli Spartaco
Mihail Arcybašev Sangue
Mikhail Artsybashev Blood
Julija Voznesenskaja Decamerone delle donne
Solomon Volkov Pietroburgo. Storia culturale
Solomon Volkov Šostakovič e Stalin: l'artista e lo zar
Howard Rheingold Comunità virtuali
Bruno Osimo Il poeta in affari veniva da molto lontano
Bruno Osimo Esercizi di stile traduttivo
Bruno Osimo Melanzane dall'antipasto al dolce
Bruno Osimo Dizionario di psicoanalisi
Poesia nascosta. Seicento ricette di cucina ebraica in Italia